靈修著作精選｜盧雲系列｜

與祢同行

默想十架苦路

盧雲 著

張小鳴 譯

基道出版社

Walk With Jesus

▼

靈修著作精選 • 盧雲系列

與祢同行

默想十架苦路

Walk With Jesus

Stations of the Cross

作者

盧雲 Henri J. M. Nouwen

插圖

戴薇修女 Sr. Helen David

譯者

張小鳴

責任編輯

堵建偉

裝幀設計

伍愛清

■

出版／發行

基道出版社

香港沙田火炭坳背灣街 26 號富騰工業中心 10 樓 1011 室

LOGOS PUBLISHERS

Unit 1011, 10/F, Fo Tan Ind. Centre, 26 Au Pui Wan St., Shatin, Hong Kong

電話：(852) 2687-0331 傳真：(852) 2687-0281

網址：https://www.logos.com.hk

承印

陽光（彩美）印刷有限公司

●

4/1992 初版 3/1995 二版 4/2000 三版 4/2004 四版

Cat. No. LP717-4A

ISBN-10: 962-457-016-7

ISBN-13: 978-962-457-016-8

Original Edition "Walk With Jesus"

Published by Orbis Books

刷次	14	13	12	11	10	9	8	7	6	5
年份	2030	2029	2028	2027	2026	2025	2024	2023	2022	2021

目錄

誌意

這些反省文章，都是我在安大略省烈治蒙市約克醫院留醫三個半星期期間，根據戴薇修女 (Sister Helen David) 的拜苦路畫象寫成的。在一個寒冷的早上，我正想乘搭便車上班時，一輛輕型貨車駛過，它的後視鏡把我撞個正着。結果，我有五根肋骨斷了，並要把脾臟切除。（譯按：詳情可參本書樓於九二年中出版的盧雲另一本著作《鏡外》[*Beyond The Mirror*]。）縱然，我那時有點不快；但是，那事竟是因禍得福。我有一個機會放下所有忙碌的事務，把注意力放在耶穌和朋友身上。這些文章也是我留醫期間的意外收穫之一。

我深深多謝我的祕書艾莉絲 (Connie Ellis)，她竭盡所能幫我忙，而且能在百務纏身之際，整理我這份文稿。我也要向韋素力 (Conrad Wieczorek) 衷心表示謝意，他優先編輯了這些文章。

我特別多謝戴薇修女給我這個機會，更何況，自我接受邀請之後，她就一直滿有耐心地等候我完成這些反省文章。我也要向奧祕思出版社 (Orbis Books) 的總編輯艾思堡 (Robert Ellsberg) 表示謝意，他的友情，並無私的合作，把戴薇修女的畫象和我的文章結合於這本美觀的書內。

自序

戴薇修女所繪畫的拜苦路，能夠讓我們以新的眼光來看耶穌的受難與復活。穿過一個風格獨特的十字架爲構圖的窗框，我們望出去時，會察覺到每一天在世界各地，我們的兄弟姊妹，有些在受刑、有些被綁架、有些陷於飢饉、有些遭人遺棄、有些備受虐待，更有些慘遭殺害。然而，耶穌正置身他們之中，繼續祂那痛苦而充滿盼望的旅程。望出同一窗子，我們可以看得到，在黑暗之中，信任、盼望和愛心仍不斷流露出來。我仔細端詳這些畫時，就愈加發現到，我們在衆多國家所看到的苦難，又或喜樂，就正是受難日 (Good Friday)、安葬日 (Holy Saturday) 和復活主日 (Easter Sunday) 那不可解的奧祕持續彰顯的。

「我從地上被舉起的時候，我要吸引萬人來歸我。」（約十二 32）耶穌受難及復活的身體吸引了全人類。事實上，人類所受的苦與樂，沒有一樣耶穌不曾嘗過。爲此，我們可以透過十字架的窗子面對世界，正視人類悲傷的可怖實況之餘，仍然充滿盼望。

有機會深深默想戴薇修女的拜苦路畫，實在是個恩典。最叫我感動的是，這些拜苦路畫的創作，不是叫我們爲着遠在他方的人類苦痛愧疚，而是有助我們把自己破損的人性，與這些圖畫中的男人、女人，以及小孩的人性聯合起來。藉着耶穌的受苦和復活身軀，這種聯合就變得可行。在耶穌之內，並藉着祂，我們的世界能夠合而爲一，因爲祂在神聖的愛裏，擁抱着我們每一個，渴想我們都合而爲一，正如祂與天父合而爲一一樣（參約十七21）。

我在寫這些默想文章的時候，是注目於耶穌的，就是那位要拆毀一切牆的耶穌。這些牆存在於第三世界與我們之間、窮人與富人之間、健康的與有病的之間、遠方的人與身旁的人之間，以及肉身受苦的人與心靈深處受苦的人之間。在耶穌的心目中，斤斤計較人類苦難的程度和深度，是完全沒有意義的。嘗試猜想誰人比他人受苦更多，和誰的苦痛最有意義等，也都不能帶來多少作用。因爲耶穌已爲全人類受死與復活，而全人類的各方面差異都已包含其中，故此，所有人都能夠與祂一同被提升到神的光彩裏。

我們身邊的廣闊世界充滿了無邊的苦痛；我們內在的小小天地也滿是無盡的傷創。然而，所有傷創苦痛都屬基督，祂已把它們化爲榮美的傷痕，這些傷痕讓我們認出，祂是我們復活的主。

我祈求所有可能看與讀這書的朋友，都能藉着耶穌的受苦和復活，可以更加完全進入神的臨在，以及與世界每一個角落的兄弟姊妹同在。

譯者序

起這本書，立即有細閱一遍的衝動，原因很簡單：只因這是盧雲的作品。

看畢這本書，隨之興起繙譯的念頭，而理由就複雜多了。一直以來，我都在有意無意之間關注世上苦難的人民，尤其是第三世界的黎民百姓，奈何只能盡上一丁點微力，然換來的仍是滿懷揮不去的無能及挫折感覺。近來，我極有興趣研究拜苦路，心中常想着主耶穌是如何走過這段在世的路程，就算沒有機會親歷聖地，也盼想在心靈裏與主同行這段路程。難得盧雲把兩者美妙且巧妙地連結起來，不獨與耶穌同行苦路，也與第三世界苦難人民同行他們的苦路。單就是這個默想元素的組合，已叫我心神懾服，毫不遲疑就承擔起繙譯的工作。

譯畢本書後，心中浮現了這個禱告——

親愛的主耶穌：

感謝祢，藉着祢僕人的著作

不單容讓我跟隨祢走了拜苦路
也邀請我與世上苦難人民一起上路
更同時叫我經歷了自己心靈上的苦路
得知自己生命的殘缺不全。
主啊！感謝祢邀請我看祢的心
我也看到了苦難世人的心
更看到自己破碎扭曲的心
主啊！若我只是看到它們互相隔絕
我想我仍會是滿懷苦澀、悲傷、惱怒……
感謝祢，它們是互相緊緊結連的
甚至融合起來，化不開了
我說不出話來，只有喜樂的微笑
主啊！感謝祢敞開聖潔無瑕的心
擁抱着世人的心
也擁抱着我這顆久經污染的心。

阿們。

最後，我要多謝摯愛的內子進君，繙譯期間，她對我既有忍耐，也有激勵鼓舞。

引言

我與耶穌同行

2 與祢同行

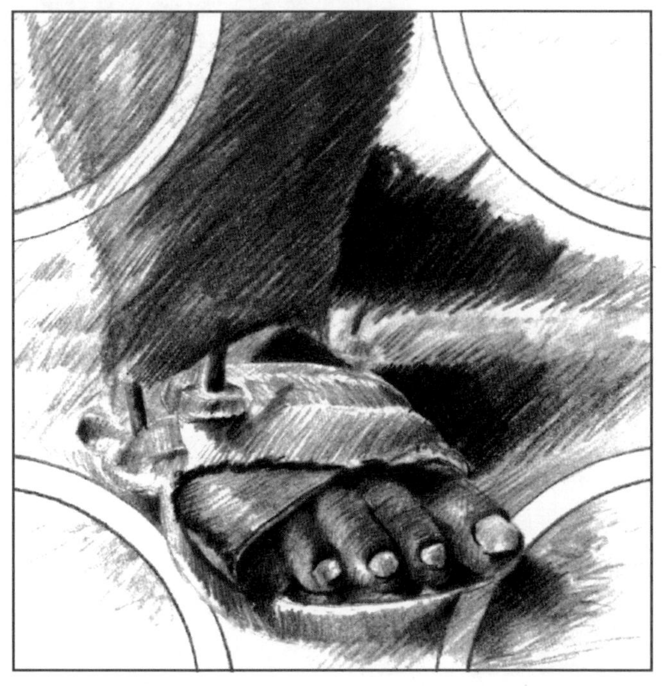

無論何時我想起貧窮的人，腦海就會浮現一些男男女女的影象，他們都背負沈重的擔子，走在馬路的兩旁。我記得曾見過他們一清早步行往市集或農田，盼望能賣些甚麼，又或買點甚麼、找尋工作；又或遇上某些人，以致可得到援手，度過一天的生活。我記起當時我坐在車裏的感覺，我充滿罪疚感，看着那麼多人在步行，他們當中有些是赤腳的，有些則穿着破爛的涼鞋。

我曾看見他們走在玻利維亞、祕魯和危地馬拉的塵土路上，而我心靈的眼睛，現在仍然看見他們。貧窮的人正走在我們世界的路邊，背負非常沈重的擔子，掙扎求存。

在我的生命歷程中，步行的機會不多，通常我都會乘飛機、火車、汽車和公共汽車，從某處到另一處。我雙足很少與大地塵土接觸，因爲很多時車輪已能代步，帶給我不少方便。在我的世界裏，步行的人不多。在路旁，你很難見到問路的人。在我所住的世界，人們到別處去，通常都把自己關在四處移動的小室內，聆聽自己心愛的卡式錄音帶，他們間或在停車場、超級市場，或快餐店出口碰上其他人。

*　　　　　*　　　　　*

然而，不但在以往，就是在今天，耶穌仍然步行着。耶穌在村莊之間往返，而當祂走路的時候，祂接觸貧窮可憐的人。祂接觸乞丐、瞎眼的人、疾病纏身的人、哀慟的人，以及失去盼望的人。祂與大地保持緊密的接觸，所以祂感受到白天的炎熱、夜晚的寒涼，也認識枯萎凋謝的野草、岩石土壤、多刺的矮樹叢、不結果實的樹、田間的野花，以及豐富的收成。祂認識這一切，正因爲祂不斷走路，肉身感受到四季的苛刻及生命力。在路上，祂細心傾聽同路人的話語，也以眞正良伴的權威來向他們說話。祂嚴厲，卻滿有恩慈；祂率直，卻很溫柔；祂要求很高，卻滿帶寬恕；祂諸事查探，卻尊重他人。祂深深剖開人心，然伸出的是醫治者之手；祂離去，然爲的是讓人成長；祂否定，然常常使肯定變得可能。耶穌與所踏足的大地關係極之密切。祂觀察大自然的各種力量，從中學習，也把它們用作教材。此外，祂也顯示出，那位創造主，就是同一位差派祂的神。神差祂到世上，向貧乏的人宣告好消息，使瞎眼的得視力、被囚的得釋放。

*　　　*　　　*

那些在這世界馬路旁、曠野和崎嶇地帶中走着的窮人，教我想起謙卑 (humility) ——出自一個拉丁字 *humus*，其意思爲地土。我必須與泥土、大地保持緊密接觸。我通常舉目望向空中的浮雲，夢想着一個更美好的世界。然而，除非我一而再、再而三轉眼注視大地，和那些長途跋涉的疲憊男女，接受他們的邀請，與他們作伴，否則，我的夢永不會實現。不過，與貧窮者同行的意思是甚麼呢？那就是意識到自己個人的貧乏：我內心深處的破碎、我的勞累、我的無能爲力、我的邁向死亡。就在此，我與大地有了聯繫；就在此，我才眞正謙卑。是的，就在此，我與所有走在大地的男男女女聯合團結，且發現一個事實，我是被當作一個脆弱而寶貴的人而受到憐愛。

耶穌尚未受苦前，「祂知道自己是從神那裏來的，又要回到神那裏。……然後倒水在盆裏，開始替門徒洗腳，又用毛巾擦乾。」（約十三3、5）祂由**道** (Word) 化成了肉身，好能洗我疲倦的雙腳。在我接觸泥土之處，就是我伸向天家的身軀與大地連接之處，正正是我身體上祂所接觸的部位。祂跪下，雙手托着我雙腳，替我洗腳。然後，祂望着我，當我們視線一接觸時，祂說：「我剛才替你們做的，你們明白嗎？……我是你們的主，你們的老師，我尚且替你們洗腳，你們也應該彼此洗腳。」（約十三12、14）

正當我向着十字架，走那既漫長又痛苦的路程時，我必須在途中暫時停下腳步，洗我鄰舍的腳。當我跪在我的兄弟姊妹面前，洗他們的腳，望着他們雙目時，我發現到，正是因着我的兄弟姊妹與我同行，我才能全然完成我的路程。

第一站

耶穌被定罪

一個男人身處於鐵欄內，被判了死刑。他被類歸爲「該死的」，已不值得活在世上。

對社會來說，他已成爲敵人、反叛者、局外人、危險人物。他注定要被監禁，不得與羣體生活有分。

爲甚麼呢？因爲他與我們有異。他是黑人，而黑人都是壞蛋；他是同性戀者，而同性戀者全是性變態的；他是猶太人，而猶太人是信不過的；他是難民，而難民會構成經濟威脅；他是局外人，所說的都是我們不欲聽聞的，所提起的都是我們想忘掉的。他弄糟我們井井有條的生活，扯去我們那遮蓋不潔的面紗，推毀那令我們安全隔離的圍牆。他說：「我們同屬一個人類大家庭，都是同一個神的孩子；我們都受到神的愛顧，祂看待我們如同兒女一樣；我們都被安排住在一起，跟同一個父親同住，且在同一張餐桌吃飯。」他說：「種族隔離不符合神的計劃，聯合與團結才是！」

這把聲音必定要消失，它攪擾我們這裏的處事方式；它妨礙我們的家庭生活、社交生活，以及商業活動；它形成騷擾，噢，甚至混亂。生活本身已經夠複雜了，而我們不需要任何先知，去破壞所艱苦經營的脆弱人際關係網絡。且讓我們堅持這格言：人人爲己，神爲人人。這樣，我們就會除去很多苦痛，得着更大安慰。

*　　　　　*　　　　　*

耶穌站在彼拉多面前，沈默不語，也不爲所有加在祂身上的控罪作出辯護。然而，當彼拉多問：「祢做了甚麼事呢？」祂說：「我的使命是爲眞理作證，我爲此而生，也爲此來到世上。凡是屬於眞理的人一定聽我的話。」（參約十八 35 ～ 38）耶穌所講論的眞理不是一條命題，也不是一項教義，更不是有關現實的智性解說。那是祂與天父之間一種眞實的關係，和釋放出生命的親密，也是祂渴望我們去領受的關係。彼拉多不明所以，所有與耶穌無關係的人也是一樣。然而，任何人與基督聯合時，就會接受眞理的聖靈，這靈會幫助我們從當代的强制，及不能自拔行爲中解脫出來；祂使我們歸屬於神本身的內在生命中；祂也讓我們以開放的心懷，和關注的意念在世界中生活。在與耶穌的聯合中，無論身在牢籠與否，我們都能聽聞聖靈的聲音，在遼闊無際的天地奔赴前路。因爲這眞理——眞正的人神關係、眞正的從屬關係——已賦予我們自由，而這自由是黑暗的權勢永不能奪去的。耶穌是自有人類以來最自由的人，因爲祂與神的關係最緊密。彼拉多定祂的罪，欲把祂判以死刑，但祂實際上不能如願。耶穌的死亡，絕不是死刑執行的結局，反而變成了完全眞理的路，導引我們邁向完全的自由。

*　　　*　　　*

我知道，我愈屬乎神，就愈加被人定罪。但是，世界的定罪只會顯示這項眞理，「爲了實行神的旨意而受逼害的人多麼有福啊，他們是天國的子民。」（太五 10）我必須相信這些話。在世界憎惡我的地方；在權勢待我不當的地方；在世人把我置諸不理，嘲笑我，排擠我的地方；正正就是在這些地方，很明確地，我會發現自己屬於那被排斥、被隔離、被拘禁於禁閉營的普世羣體。

我熱切渴慕眞理，也渴慕耶穌所活出來的那份與神的關係。不過，每當那份渴慕得着滿足時，世人又會定我的罪，把一沈重的十字架加在我身上。彼得和約翰、保羅和巴拿巴、雅各和安得烈，甚至是耶穌的母親馬利亞，都有類似的遭遇。他們的喜樂哀愁已混而爲一，因爲他們選擇在世界中活出眞理。沒有了加在我們身上的十字架，同樣情況不會出現；沒有了那現在屬乎神聖生命的、超越一切分隔圍欄和絞刑架的大喜樂，情況也是一樣。

沒錯，那身處鐵欄後的男人眼神顯出恐懼，然而，他的眼神也流露出信任、盼望、堅定的信心，以及對自由的深切認識。世界所不能看見的，我和他的眼目都看到了。我們看到受苦的神那張臉，而祂正召喚我們遠離恐懼，邁向永遠有愛的地土。

第二站
耶穌背負十字架

一個年輕的危地馬拉人，背負着一塊沈重的木頭。那塊木頭是用來製造棺木的，以埋葬受綁架、被謀殺，或曝屍街頭的受害者；又或安葬出生不久就因病夭折的嬰孩。多年前，這情況發生時，國際報刊曾大發義怒；今天，情況依舊，奈何這題材不再具新聞價值，故世人就因此變得一無所知。

今天，年輕人被刀槍、電棒所謀害；孩童則因營養不良、食水缺乏和疏於照顧而死亡。日復日，暴力和貧窮爲危地馬拉、玻利維亞、祕魯、埃塞俄比亞、蘇丹、孟加拉，以及無數其他國家的小村莊帶來死亡。

那年輕人用頭和肩膊背着重擔的面貌，確確實實縈繞在我腦海。他雙目差不多緊閉；眉頭深鎖，藏着深沈的憂愁；面貌頗爲蒼老。他與死亡很接近，但仍能顯出那樣的莊嚴、那樣的安祥，以及那份對自我身分的深切認識。他沈默寡言，心靈平靜。縱使我可能活到垂暮之年，然他瘦削的身軀，看來已比我將要過的一生，還活得長久。他背着的，乃是人類的十字架：「祂忍受痛苦，常經憂患。」（賽五十三3）他知道，不久一輛車或會停下，武裝人員也許綁起他，强行拖他到別處折磨一番，然後把他赤條條的擲回街上。他知道這一切，然而他依然走着，背着爲朋友造棺材的木塊。

* * *

彼拉多交出耶穌，讓兵丁蹂躪，他們「剝下耶穌的衣服，給祂穿上一件深紅色的袍子，又用荊棘編了一頂華冠給祂戴上，拿一根藤條放在祂的右手，然後跪在祂面前戲弄祂，說：『猶太人的王萬歲！』他們又向祂吐口水，拿藤條打祂的頭。他們戲弄完了，把祂身上的袍子剝下，再給祂穿上自己的衣服，然後帶祂出去釘十字架。」（太二十七28～31）耶穌忍受了這一切。行動的階段已過，祂不再言語；祂不再抗爭；祂不再申斥和警告他人。祂已成爲受害者，不再行動，卻任由擺布；祂已進入自己的受難中。祂知道大部分人類的生活都是受難。當下，世人正捱飢抵餓、遭受綁架、備受折磨，以及被謀害；人們遭受拘禁、被逐離家，被逼與家人分離，以及被抓進營房，作爲奴隸勞工。他們不明所以，也不清楚箇中因由，沒有人會解釋。他們是窮乏的。當耶穌感到那放在肩頭上的十字架時，同時也感到所有未來世代的痛苦已壓在祂身上。祂看到那年輕的危地馬拉人，且滿懷憐憫地愛着他。

我感到無能爲力，我想做點事，我必須做點事。起碼，我必須針對暴力和營養不良、壓制和剝削而發表言論。此外，我必須盡上所能，以減輕所目睹的苦痛。不過，我還有一項更艱巨的任務：背負自己的十字架，那是寂寞與孤獨的十字架、別人排斥我的十字架、沮喪和內在苦惱的十字架。只要我有一天爲遠方他人的痛苦而受折磨，卻不能背負獨獨屬乎我的痛苦，即使我也許成爲活躍分子，甚至是人類的捍衞者，我也不是耶穌的追隨者。不知怎地，當我願意承受自己的寂寞時，我與那承受壓制的人的聯繫就變得眞實無比。那是我極力避開的重擔，甚至有些時候，是我藉着憂慮他人而逃避的重擔。然而，耶穌說：「來吧！所有勞苦、背負重擔的人都到我這裏來，我要使你們得安息。」（太十一28）我也許以爲，自己與那背着木頭的危地馬拉人之間，有一道永不能塡補的鴻溝，但是，耶穌已爲我們背負祂的十字架，所以我們彼此相屬。我們應該背起自己的十字架跟隨祂，這樣就會發覺我們眞是兄弟，同向這位心靈謙卑溫柔的耶穌學習。只有這樣，新人類才能誕生。

第三站

耶穌初次倒地

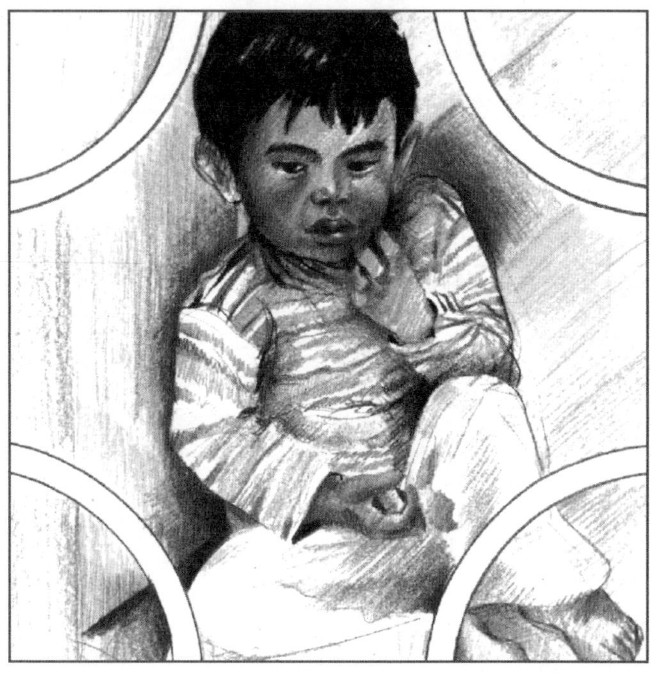

這個越南小男孩遭人遺下了，爲甚麼呢？也許他雙親已遭殺害、劫持，又或被拘禁；也許他們嘗試逃避敵人，而中了埋伏；也許他們是船民，已經葬身怒海；也許、也許……然而，他們的孩子確是孤單地留了下來。他正凝視沒有盼望的未來歲月，而當我望着他這雙眼睛時，我看到其他數以百萬雙的眼睛，這些孩子正受到黑暗勢力的碾壓。這年幼柔弱的小孩需要別人的扶持、擁吻、摟抱；他需要觸摸父親強壯而帶着慈愛的手；他需要聽到母親溫柔的話語；他需要看到那些眼神會向他說：「你多漂亮。」這男孩在哪裏會找着安全的地方呢？他在哪裏會知道自己眞正被人愛護？他感到恐懼和混亂時，可以跑到哪裏去呢？他在哪裏可以讓眼淚盡情傾流，讓痛楚得着接納，讓惡夢煙消雲散？誰會騷癢他的腳？誰會緊握他的手？誰會揉揉他的臉蛋？他脆弱孤寂地坐在那裏，無人理會。他遭到某類人性的遺棄，而這類人性是沒有將來的。

在全世界，暴力、戰爭、腐敗和人類的苦惱沈重地打擊着兒童，所以，他們很飢餓，極之渴求愛和食物。在收容所冷冰冰的大堂裏，他們默然坐着……等候別人關心他們；他們與陌生人同牀，而那些人只顧滿足私欲；他們或隻身，或一羣羣的在大城市漫無目的地流浪，掙扎求存。在全世界，有數以千計，對，數以百萬計這樣的孩童，然他們未曾聽到這把聲音：「祢是我親愛的兒子，我喜愛祢。」（路三22）

我們陷墮的人性，沒有比在這些孩童身上所作的，更叫我們痛心。他們顯出我們的罪行，他們孤苦無依，而這事實告訴我們，我們已經失落那份恩典——自愛。

這些孩童成長，變成未來的成年男女時，他們會成爲甚麼樣的人？他們會不會手執槍枝，鋌而走險地尋仇？他們會不會退縮，終身逗留在死寂的精神病院房間內，又或變成危險罪犯，被關在囚牢中？他們會不會變成恐怖分子、犯罪集團首領、毒販、拉皮條的人，又或娼妓？又或者，他們會不會在一切人類詭詐巧取之外，發現一雙抱緊他們，且無條件地施予愛的手？

* * *

耶穌昔日在十字架下倒地，祂今天仍然如此。耶穌不是那以果敢決定、鋼鐵意志熬過苦難的大英雄。絕對不是，祂生而爲神的孩子，也是馬利亞的兒子，並且受到牧羊人和東方博士的崇拜，但從不曾是個自以爲是的領袖，所以沒有靠着打倒黑暗勢力，而帶領全人類進入大勝利。當祂長大成人後，祂甘願卑微，加入悔罪男女的行列，在約旦河接受洗禮。接着，祂聽到一把深深進入祂心靈的聲音：「這是我親愛的兒子，我喜愛祂。」（太三17）這把聲音伴祂一生，在祂面對苦難、嫉妒、憤恨和報復時，蔭庇着祂。祂永遠保持赤子之心，且向跟隨者說：「除非你們改變，像小孩子一樣，你們絕不能成爲天國的子民。」（太十八3）耶穌就是那倒在人類苦惱——無能、荏弱和脆弱——的沈重十字架下清白無罪的小孩。不過，正正就在那兒，我們撫摸到神憐憫心懷的奧祕，祂的憐憫包圍所有小孩，不單在我們身外四周，也在我們裏面。

*　　　　　　　*　　　　　　　*

我知我是個小孩，這小孩在名成利就底下，仍不斷呼求緊緊的擁抱和無條件的愛。我也曉得，與我內在的童真失去聯繫，即與耶穌和所有屬祂的人失去聯繫。每次我接觸自己的童真，我接觸到自己的無能感和恐懼，我恐懼他人遺棄我，不關心我的安危。耶穌倒在十字架下，好讓我內在的童真得着感化更新，而那是我內在一處失控，及極之渴想鼓舞和保證的地方。世界上遭人遺棄的孩子都在我心內，耶穌叫我不要怕，在內心面對他們，且與他們一同受苦。祂要我知道，在一切拒絕與遺棄的情緒以外，還有愛、眞愛、永恆的愛。這份愛來自那位成爲肉身、永不離棄祂孩子的神。

第四站

耶穌與馬利亞相遇

這個尼加拉瓜婦人在戰爭中失去了兒子，心中充滿哀傷，然而，她仍堅強振作。她以極大的信心直瞪着我，深信死亡背後有着勝利。

我清楚地記起，在接近洪都拉斯邊界的一個小鎮耶拉博 (Jalapa)，一羣尼加拉瓜農民被殺害，我與他們的母親相聚的情景。那時，我跟一羣北美人士在一塊，他們深感對那場戰爭同樣要負責任，因那場戰爭奪去了那批農民的性命。我們其中一個問：「這次戰爭使你們和家人受了很多苦，你們會饒恕我們嗎？」大家沈默了好一段時間……不過，其中一個婦女嘹亮地說：「會的，我們原諒你們。」其餘的母親重複她的說話：「會的，我們原諒你們。」我們當中另一個問：「不過，我們的國家用經濟政策來抵制你們，叫你們吃了多年的苦頭及受了不少困惱，你們還會饒恕我們嗎？」答案沒有改變：「會的，我們寬恕你們。」另一把聲音又響起：「那麼多年來，我們把你們國家當作後花園來剝削，叫你們提供廉價勞工和水果，這又怎麼樣呢？」答案仍是一樣，甚至顯得更堅定，「會的，我們會原諒你們，並且與你們共同努力，建立一個更美好的世界，好叫我們的孩子沒有白白的死去。」當我傾聽這罪疚和寬恕的啓應禱文，望着這批信心婦人的眼睛時，我意會到她們正代表世上千千萬萬的婦女。與其啓釁爭戰，她們尋求和平；與其絕望，她們心存盼望；與其報復，她們流露寬恕。她們是列寧格勒、貝爾法斯特、德克蘭，及無數大城小村的婦女，她們爲死去的兒女所發出的哀傷，化成了憐恤與醫治的沃土。

* * *

耶穌被人帶往行刑的地方時，碰到自己的母親。馬利亞很堅强，沒有因仇恨或絕望而嚎啕，沒有制止兵丁虐待耶穌。她看着祂，知道這是祂的時刻。在迦拿，當她找祂幫忙，祂着意保持距離：「婦人……我的時候還沒有到。」（參《和合本》約二4）然而，此刻祂的憂傷和她的哀愁融合在一起，彼此都深深知道時候已到，神的救贖計劃快要實現。不多久，馬利亞會站在十字架底下，耶穌會把她交給心愛的門徒約翰，向他說：「瞧，你的母親。」（約十九 27）馬利亞的哀痛不單叫她成爲耶穌的母親，也成爲她所有受苦兒女的母親。她站在十字架底下，靜立在那裏。有些人會因着自己的痛苦受試誘，想要復仇、以牙還牙，又或捨棄希望，而馬利亞正站在那裏直視着他們的眼睛。她的憂傷把她的心化成一顆擁抱她所有兒女的心，無論他們在哪裏，她都給他們母親的撫慰。

* * *

當我望向馬利亞和所有憂傷的母親時，心靈的深處浮現一個問題：「你能否持續處於苦痛中，心中不斷傾出寬恕？」我曾受過傷害，被人出賣及背棄的經歷傷害了我；自我的否定傷害了我；我很想幫助身旁的人——無論遠近，挪去他們的創傷，然無能爲力的經驗傷害了我。不過，我常常受到試探去逃避一切——躲藏在埋怨和指控中，成爲失望的受害人或毀滅的先知。我所接受的真正召喚，乃是直視着受苦的耶穌，不是被祂的苦難碾壓，反而是以心領受，結出憐憫的果實。我活得愈久，我愈多會目睹苦難；我愈多看見苦難，我就得活出更多憂愁。然而，正正就是這深沈的人類憂傷，把我受創的心與全人類的心聯合起來。就是在這苦難中聯合的奧祕裏隱藏了盼望。耶穌的道路，就是邁向人類受苦心靈的路途。這是馬利亞所選擇的路，也是其他許多馬利亞所依然選擇的路。戰爭出現、消失，又再出現；壓逼者臨到、離去，又再來臨。無論我怎樣抗拒壓逼者和竭力尋求和平，我心中也清楚以上的事實。在這一切當中，我得繼續選擇那條永遠狹窄的小徑，就是那條憂傷的小徑、盼望的小徑。這世上憂愁的婦女正是我的嚮導。

第五站
西門替耶穌背十字架

在孟加拉，有兩個男人在一起搭建他們的小屋。這些小屋是用泥土、竹枝、石頭和黃麻梗建造的，非常簡樸。不過，他們倒覺得這是自己的家，因大家可以在同一屋簷下安樂棲息。看着這兩個男人共同背負一籮重甸甸的石塊，我不禁錯愕，他們的身體活動竟是如斯協調。他們看來像是在踏着舞步，而沈重的負擔，似乎已變成了輕省的擔子，甚至像是一籃水果呢。

當我回想自己所居住的高度爭競社會，想到這兒的地價每天高漲，而發展商還不斷建築一排排每所價值五十多萬美元的房子時，我倒有點羨慕這些「舞蹈家」。他們的小屋會是簡樸的，也許沒有三合土牆或柚木地板；也許沒有餐桌、椅子或廚櫃。不過，那會是家人、朋友共處的安樂窩；而他們也會深刻地感受到，他們已共同凝聚了一些寶貴而神聖的東西。

富有的人擁有金錢；貧窮的人擁有時間。我們通常勞碌奔波，拚命工作，把身心繫於金錢可買的東西上，但是，卻絕少覺得我們是在一起的。然而，在窮苦的人當中，我看到一起工作、飲食、遊戲和禱告的藝術，我也目睹開朗的笑容，也聽過狂野的笑聲及無數感激的話語。他們似乎常常有很多時間，而他們也深切地相信，就算沒有甚麼東西可抓在手裏，他們仍會去愛很多人。

* * *

正當耶穌背着十字架往各各他，兵丁遇見一個來自古利奈的男子西門。他們强行抓他背十字架，因爲耶穌開始支持不住了。祂沒有能力把十字架背往受刑的地方，所以需要一個陌生人幫助祂完成使命。祂是那麼的輭弱、那麼的脆弱，祂需要我們完成祂的使命。祂需要他人爲祂背十字架，與祂一同背十字架。祂來到我們這裏，向我們指出通往祂父家的道路。祂來的目的，是要給我們新的住處、新的歸屬感，和新的安全感。然而，祂不能單獨去完成一切。在這艱辛、痛苦的救贖大工中，神需要人類的參與。沒錯，神滿有大能、榮耀和威嚴，然而，祂選擇成為我們當中的一員——一個需要他人幫助的人。對那些欲執刀劍捍衛祂的追隨者，耶穌說：「把刀收起來；……難道你不知道我可以向我父親求援，而祂會立刻調來十二營多的天使嗎？如果我這樣做，聖經上所說、事情必須這樣發生的那些話又怎能實現呢？」（太二十六52～54）耶穌的道路，就是那條無能、無助、受苦的道路。祂曾成為一個小孩，靠賴馬利亞、約瑟和其他許多人的愛顧；祂完全需要他人的幫助，才走完在世的旅程。祂成為了一位守候的神，祂守候，為要看看別人會與祂一同幹甚麼？別人會出賣祂，或是宣揚祂呢？祂受刑時，別人會背棄祂，或是追隨祂呢？祂被釘十字架時，追隨者會捨祂而去，或是有人會替祂背十字架呢？耶穌要成為世界的救主，就需要人甘心樂意與祂同背十字架。有些人出於自願；有些出於強行徵召；不過，一旦他們感受到十字架的重量，就會發現那擔子是輕省的，那是指引我們走向父家的軛，是完全易於背負的。

*　　*　　*

我覺得內裏有股强烈的欲望，要自我作主。事實上，我的社會都讚美那些自我決定一切的人，他們控制了個人的命途，訂下個人的目標，滿足個人的熱望，及建立個人的王國。對我來說，眞難以完全相信靈命的成熟，就是讓他人引導我，以及「帶我往不願意去的地方」（參約二十一 18）。可是，我每次戳破那虛假的自我滿足需要，且敢於尋求援助時，一個新的羣體就會浮現，那就是弱者的團契，這羣體有一强烈的信念，就是我們走在一起時，對破碎的世界而言，乃是一羣有盼望的人。古利奈人西門就發現了一種新的聯繫。每一個我容讓他接觸我弱點，以及幫我忠誠地走天家路程的人，都會醒悟到自己有某項可提供的恩賜，只不過他一直以來都不曾覺察而已。也許接受幫助、支援、導引、憐愛及照顧，較諸付出這一切來得更重要，因爲我向施予的人呈現了他的恩賜，而且一個新生命隨即展開。那兩個在孟加拉的男人不單在工作，甚而是在慶祝他們共有的人性，且因而是預備一個家。那就是耶穌對全人類的呼召，一項常常藉着窮人而臨到我們的呼召。

第六站

耶穌遇上韋娜列嘉*

*譯按：這是傳統拜苦路的一個傳說人物，然故勿論事實真相為何，就聖經所載，耶穌釘十字架時，十字架下確實有愛耶穌的婦女聚集。

「帶他回來吧！」那是一個菲律賓婦女的呼喊，她手裏捧着她「失蹤的」丈夫照片。她的眼神懇求憐恤；她的嘴唇流露深沈的哀傷；她的臉容充滿期盼。她說：「你們看見我的痛苦、我的苦惱……我最愛的人已經失了蹤。他的突然消失帶給我有生以來的極大困惱。他在哪？在牢獄？受折磨？是生或死？請給我答案吧！假如他死了，請告訴我他埋葬的地方，好讓我去那裏痛哭。你們世上的人哪！聽我說！看看我！請給我回覆吧！」

千萬滿懷苦惱的婦女突然失去了丈夫兒子，再也看不見他們，這菲律賓婦人正好是她們的代表。這些婦女分別住在阿根廷、危地馬拉，然也住在美國和加拿大。她們向我們顯露了人類最深切的傷痛，也就是人與人、父母子女、丈夫妻子、兄弟姊妹之間聯繫的嚴重割斷。大批人口的災難性遷徙、過分擠逼的難民營、國與國以及國家不同勢力之間的仇恨爭戰，已史無前例地逼使更多人紛亂扭曲。

我們甚至可以說有一種扭曲了的人性 (dislocated humanity)。

* * *

耶穌作教導，醫治病人，宣揚天國的時候，韋娜列嘉都曾與祂一起。耶穌已成了她生命的核心。此刻，她看到自己與耶穌的聯結被斷然分割，所以她心中充滿哀愁和極度的痛苦，想要做點甚麼。當她看見祂走近時，她衝破人羣，用自己的面紗覆蓋在祂那沾滿血汗的臉上。面對這愛與哀慟的行動，耶穌對她的舉動作出了回應，把自己面貌——一張人性被扭曲的面——的形象留在那面紗上。耶穌的面貌，正是那些飽受分隔、隔離和流亡的男女的面貌。韋娜列嘉是那憂愁的婦女。這憂愁正以極大苦痛撕裂人心；這憂愁正折磨無數不同國籍、種族及社會處境下的婦女。「爲甚麼他們奪去了我的孩子、丈夫、朋友？」在世界每一個角落，我們都能夠聽到這痛苦掙扎的問題，化作了不斷回響的呼喊。

* * *

我能否在自我至深處聽到這呼號？我房間的牆壁貼滿了朋友和家人的照片，耶穌、馬利亞以及聖人的聖像，但在我心坎深處有一種不能言傳的痛苦——由缺乏所招致的痛苦。我最想跟他一起共處的人，根本不與我在一起，即使我們可以朝夕相對，但我們始終不能滿足彼此最深處的需要。韋娜列嘉的痛苦，也是我的痛苦。我切慕相交、強烈切實的歸屬感和親密關係，可是無論我去到哪裏、碰上誰，缺乏、切斷與孤立的經驗總會再度出現。看來似乎有一把利刃割斷一切相交，且令每一個身處親密關係的人痛上加痛。牆壁上的照片反映我對相交的渴求，然而，當我以滿懷愛意看着他們，一種極大苦痛就在我裏面冒升：「爲甚麼我不能與他交談？爲甚麼她永不回信？爲甚麼他們在我們未曾和好前，已離開世界？爲甚麼我們總是互相防範？」而當我在耶穌的聖像前，點燃一根蠟燭，望着祂目光中的永恆，我歎喟：「甚麼時候呢？主啊！祢會在甚麼時候來臨，好滿足我心靈至深切的期盼？」

我每次看着韋娜列嘉那張印着耶穌臉容的面紗，以及我所愛的人的面貌，那份對相交的渴求就會湧現……我年紀愈老邁，那痛苦便愈深沈。

我知道，我必須先失去生命，才得着生命——放下一切我的照片，去會見眞正的人——我必須與自己感傷的回憶告別，而深信一全新的相交會出現，那會是我想像不到的。但是，當我目睹耶穌那血汗交織的生命，以及那些在監獄、難民營和拷問刑房受苦的人，我怎樣能相信有新生命呢？耶穌望着我，且以祂臉容的印記向我的心作出保證。我將會繼續追尋，不斷等候，不斷盼望；祂受苦的臉容不會叫我絕望。我憂傷如飢餓；我寂寞如乾渴。我們相會的時候，我們知曉，那愛正是生命的種耔，帶給我們苦痛；但在那生命中，苦痛至終不能存留。

第七站

耶穌再次倒地

這窮苦的巴西農人完全透支了。他曾爲自己及家人賺得不錯的膳食，而在田裏工作了無數個小時、日子、星期和月份。可是，經過多年艱苦辛勞，情況依舊。他所耕作的泥土非常貧瘠，所以農作物收成也不好。與那些用得起現代耕種技術以改良土地的人比較，他根本沒有競爭能力。他生產所得的收入，實在太少了，甚至不足以清還爲了養妻活兒而帶來的債項。而且，情況一年差過一年。他有可能離開他的小農莊，與數以百萬計的窮人住在大城市毗鄰的貧民窟。他曾經夢想過清還所有欠債，讓子女上學，又或者賺取足夠的金錢，買一塊豐腴的田地。可惜，一切美夢成爲泡影。他與他的馬都老了，精疲力歇。他全身都感受到拚命工作的痛苦，而當他閉上眼，以手掩面，他看不到甚麼，只看到空虛的未來。他的心沉了下來，他不明白爲甚麼自己竭力生活，而白費心血。他覺得自己是個失敗者，因而怪責自己不能成爲自己心目中的丈夫、父親及朋友。

這個失意的農夫只是巨大經濟勢力下千千萬萬的犧牲者之一，他們根本沒有力量抵擋這股勢力。他們發現自己已不能繼承父母與祖父母的工作，而又不甚了解國家和國際的變動——他們已由簡樸的農耕生活，被帶進貧窮和恐懼的生涯，再由貧窮和恐懼的生涯，被捲進悲情與一無所有的人生裏。

*　　　　*　　　　*

耶穌再次倒下時，不是因爲十字架過重，而是祂感到全身精力耗盡。祂是完全地透支。多年在家鄉的工作、宣講的時間，以及門徒和羣衆追隨祂穿市過鎮的行程，都教祂肉身疲乏不堪。更何況，在最近的日子裏，愈來愈多人排斥祂呼召悔改的信息，更叫祂吃盡苦頭——個人生命受到威脅，追隨者背信，猶大出賣祂，彼得不認祂，希律和彼拉多鞭笞祂、奚落祂和全不諒解祂，敵視的羣衆發出叫喊。那眞是叫一個人難以支持的，所以，祂絆了一交，倒在地上。祂那開啓一個愛與恕新紀元的夢想在哪裏呢？起初，似乎有很多人認同祂的異象，然而，現在，祂完全孤單，疑惑為甚麼祂再聽不到在約旦河和他泊山所聽到的聲音？是祂做錯了決定，或是祂不能駕馭某些勢力，而成為它們的受害者？

* * *

耶穌清楚知道，在某個時刻，我們會不願前進，且在其中打算放棄，讓絕望充斥，帶來破壞。不單巴西部分貧窮蹂躪的地區，和其他發展中國家的人民飽受這種情緒困擾，連那些富裕的人，也像貧苦和一無所有的人一樣，有絕望的念頭。由我個人的掙扎，我知道那巴西農人內在心靈所感受的是甚麼；就算我的經濟前景沒有問題，但我也一樣，能夠剎那間體會到那非常惱人的感受——罪疚與羞恥、恐懼與絕望。當我看看身邊四周活上一輩子、且辛勤工作的人的目光時，我常常想起同一問題：「我的生命有甚麼價值？」正正就在這裏，我們的心會浮升起一種極度疲累，使我們覺得似乎不能再走下去。每樣事物都像是大大的失敗，我們所有的心血都成空。夢想粉碎了，盼望觸礁了，抱負消逝了。沮喪蓋過一切，所有事物都沒有意義了。

耶穌倒下時，與我們一起承受這些苦楚。祂現在呼喚我們、叫我們相信，祂與我們的倒下都同是十字架道路的眞實部分。也許，我們倒下時惟一所能做的，就是記着，耶穌曾經倒下，而祂現在與我們一同倒下。那項記念也許成爲頭一個暗示——我們有盼望。那項盼望也許以新的形式，把那巴西農夫的世界與我們的天地聯結起來，而向我們呈示一個邁向更公正和仁愛社會的方向。

第八站

耶穌遇上
耶路撒冷的婦人

這些尼加拉瓜婦女爲着民族、地土和家園被摧毀而痛泣。她們以溫柔慈愛所餵養及撫育的孩子，突然之間就在她們面前死去。她們同甘共苦的丈夫突然之間被帶走，生死未卜。她們的地土遭受蹂躪、農作物被焚燬、居所被炸掉，所以她們哭泣。她們的淚水，乃湧自心靈深處的淚水。她們沒有話語、沒有解釋、沒有辯斥、沒有刻意的反省。戰爭、暴力、謀殺和破壞所需要的就是眼淚、很多很多的眼淚。「爲甚麼？誰幹的？所爲何事？」等問題是沒有答案的。

因着多些這樣的眼淚、少些答案，這世界或許會好一點。這些淚水所湧出的地方，沒有苦毒，忿怨和報復心理。這些灑下的淚水，正成爲一份「無用」之愛的奉獻、一種聯合的表示，和一個非暴力的眞正舉動。

就算我們的世界有很多需要哀慟的理由，我們也很少哀慟。當戰爭爆發的時候；當人類死於暴力與飢饉、自然災害與科技失效的時候；當人類親手以精美手工及熱誠所造的作品給盜竊、破壞或摧毀的時候；以及當我們的地球正成爲宇宙中危機重重之地的時候；我們開始着急找尋解決方案，然而很少停下來，爲我們失去所鍾愛的而哀慟。可是，若我們不先爲所失去的哀慟，我們達致的解決方案又能否帶來眞正的得益呢？

* * *

耶穌被帶往刑場的時候，婦女爲祂哀哭傷痛。這些婦女已慣於爲被定罪的犯人哭號，且提供他們鎮痛的飲料。她們是例行的哀悼者，且看哀慟爲恩惠的事工。不過，耶穌告訴她們：「別爲我哭，要爲你們自己和你們兒女哭！」（路二十三28）耶穌所指的乃是耶路撒冷的摧毀，以及所有臨到人類的爭戰和暴力，「因爲日子就要到了，人要說：『未生育、未懷過胎、未哺育嬰兒的，多麼幸運哪！』那時候，人要對大山說：『倒在我們身上吧！』要對小山說：『遮蓋我們吧！』因爲，要是他們對青綠的樹木做了這樣的事，對枯乾的樹木又

將怎樣呢？」（路二十三29～31）

* * *

若我們要爲耶穌哀慟，我們必須爲着耶穌要來醫治的受苦人類而哀慟。若我們眞正因着祂所受的苦難和痛楚悲傷，就會把現在世界中所有受苦的男女老幼也包括在憂傷裏。若我們爲了拿撒勒無辜聖者的死亡哭號，我們的眼淚應能夠觸及人類種族漫長歷史受苦的無辜者。

很多人視哭泣和哀慟爲軟弱的標記。他們說哭泣不能幫助任何人，只有行動就夠了。不過，耶穌爲耶路撒冷哭泣；祂聽聞朋友拉撒路的死訊時，也哭了。我們的淚水向我們顯示崩分析離的痛苦的人類處境；它們深深地將我們跟人類苦難的必然性連接起來；它們爲憐恤的舉動提供了柔和的關聯。若我們不能坦承自己的限制、罪惡及必死性，那麼，我們爲着塑造一個更美好世界的良善舉動，會很容易招致適得其反的後果，也會成爲一種毫無導向的忿怒及挫折的表達。我們的眼淚可以引領我們進入耶穌的心，而祂曾爲我們的世界哭泣。我們與祂同哭的時候，就被引領靠近祂的心，以及在那兒發現我們對所失去的最真誠反應。那些尼加拉瓜婦女所淌的淚，與世上百萬人爲死者而發的哀慟，能使我們的泥土肥沃，滿有憐恤、寬恕、溫柔和醫治行動的果實。我們也應該哭泣，好變成更謙卑的人。

第九站

耶穌再三倒地

有一個男人絆了一下腳，倒在地上，他太虛弱了，渾身疼痛，沒有別人的幫忙，他根本不能夠自己站起來。他無能地躺在那兒，伸出手臂，張開手，渴想另一個人的手會抓着他的，助他再次站起來。一隻手靜候另一隻手的觸摸。人類的手眞是不可思議：它可創造和摧毀、撫摸和擊打、作出歡迎的姿勢和斥責的手勢；它能祝福和詛咒、醫治和傷害、乞求和施予。手能夠變成嚇人的拳頭，同時能化成安全與保護的象徵。它旣能爲人所懼怕的，也能爲人所渴想。

人類的手互相敞開、互相觸摸、連接結合起來所呈現的和平與復和的表記，乃是最叫人得着鼓舞的形象。相反地，最叫人失望欲絕的形象乃是：一隻張開的手，盼候他人撫慰的觸摸，然路人卻漠不關心的走過。這不是個別世人的寂寞形象，然也是分裂的人類的寂寞形象。貧困世界的手伸展開來，期望富裕世界的手一觸，然而，富裕的人心中充塞着事務，看不到貧困的，所以，人類仍是破碎與割裂的。

*　　　　　*　　　　　*

耶穌第三次倒下時，祂內心充滿着失望欲絕的人類的所有寂寞。沒有別人的扶助，祂站不起來。可是，沒有人迎向祂，提供援手，好叫祂站起來。反而，一條猛然揮來的鞭狠狠地擊打着祂張開的雙手，數雙强暴的手强拉祂站起來。耶穌——道成肉身的人——倒下，以致我們可向祂彎身，表示愛與憐恤，但是，我們爲其他事情忙得不可開交，甚至不察覺有這回事。神——祂的手塑造了宇宙，造成了亞當、夏娃，以溫柔撫摸每一受苦的人——以愛擁抱一切，且成爲人子，擁有一雙人手，這雙人手也需要、渴求其他人的手。可是，正正就是這雙手空空的張開，並被釘刺破。

*　　　　　*　　　　　*

自從我開始認識神的手——它不是强而有力的，在左右歷史的進程，反而是輭弱無助的，在渴求悉心看顧者的手所抓緊——我開始以不同的眼光來看自己雙手。我漸漸看到神那無助的手自世界每一處伸向我，我愈看得清楚它時，這些伸展出來的手就似乎愈接近我。那些是窮苦人的手，正乞求食物；那些是寂寞人的手，正希冀別人的陪伴；那些是孩子的手，正央求別人的鼓舞及擁抱；那些是病人的手，正盼望別人的接觸；那些是非技術工人的手，正渴想別人提供訓練——這一切的手都是倒地的耶穌的手，正等候他人上前，扶祂一把。

我心中常遇着試探，以致自己只想到加爾各答、開羅或紐約，又或遠遠在他方的乞求之手，而看不見有些張開的手正伸向我起居的地方。每晚，我臨睡的時候，都會看看自己的手。然我不得不問這雙手：「你們有沒有向身旁張開的手伸出來，好帶出一丁點平安、盼望、勇毅和信心？」我多少有種感覺，就是所有請求援助的人手，都屬於我們受摧毀人性的手；也即是無論我們在哪兒伸出手和撫摸，我們正參與全人類的治療服侍。

耶穌倒下，正尋求援手，好能再度站起來，以實現祂的使命。這正是給我們一個可能性，教我們接觸神，以及每一人手中的所有人性，甚至在每一人手那處，經歷神在我們當中拯救臨在的眞正恩典。

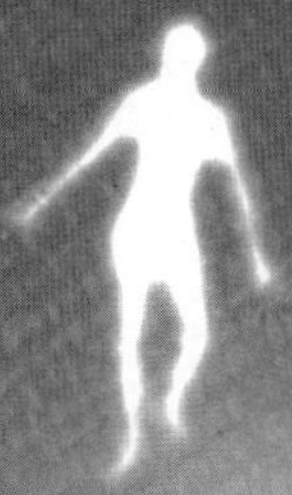

第十站
兵丁剝掉耶穌的衣服

在加德滿都一所醫院的病房裏，這個女人一無所有，只得一張毛氈覆蓋她衰殘的身軀。漫長的田間工作及照顧丈夫兒女的生活，換來的只是赤裸的、無人聞問的獨存。她的生活，曾一度充滿歡樂的聲音及多姿多采的活動，如今卻是一片死寂。那位尊重她的丈夫，以及那些給她歡欣快慰的子女在哪裏呢？那些常常問她日常瑣事的鄰居往哪裏去呢？那些聲音洪亮急流的河川，和那些在春天以綠草與花朵作為裝飾的山巒在哪兒呢？每個人、每樣事物都從她那兒剝去了。有一天，一些陌生人去到她的村莊，帶她到城市裏的醫院，把她關進精神病房。他們叫她瘋婦。沒有人維護她，沒有人呼喚她的名字，沒有人保存她的尊嚴。她的思想已混亂，有時候她會記起久遠的事物，說出多年前的名字，提起青年和成年時期的景象，然而沒有人回應她。

這正是真正的赤裸，一切人的尊嚴都消失殆盡，而她，一度是那麼可愛的，現今只好以毛氈遮藏自己的赤裸。無數的老翁和老婦都住在備受剝奪的處境，以躲開我們這世紀節奏快速的世界。他們年紀老邁，一無所得，只有一無所有的獨存，且完全附屬於社會環境隨意的喜好或排斥。

* * *

耶穌被剝光了。兵丁抽籤，以決定誰可以取得祂的內衣（參約十九 24）。他們不留下一樣東西給祂。祂是那看不見的神的形象，是超越萬有的長子；藉着祂，神創造了天地萬有：看得見和看不見的、在位者、統治的勢力、執政者、掌權者（參西一 15 ~ 16）。祂正是這一位，卻在絕對脆弱的狀況中被剝奪權力和尊嚴，甚至示衆。在這裏，古今中的最大奧祕向我呈現：神選擇在謙卑中彰顯神聖的光榮。在一切美物消失之處、在一切雄辯口才沈寂之處、在一切光彩不復存在之處、在一切恭維退去之處，神選擇向我們呈現無條件的愛。「許多看見祂的人都大感驚奇，因爲祂的容貌憔悴，幾乎沒有人的形象。現在，許多國家將因祂驚異；許多君王將啞口無言。……祂既無威儀，也不英俊，不能吸引我們的注意；祂的儀表平凡，不能引起我們的傾慕。祂被藐視，被人拒絕；祂忍受痛苦，經歷憂患。人都掩面，不看祂一眼；祂被藐視，我們不敬重祂。」（賽五十二 14 ～ 15，五十三 2 ～ 3 ）

* * *

耶穌承受了我們的苦難。耶穌被脫光衣服的軀體向我們顯露出，在這世界中所有時空下人類要忍受的極大貶黜。我常常認爲生命就像一次登上山巔的旅程，在那裏最終可看到四周事物的全然美麗景色，也可在我一切感受的完全實在中經歷自己。然而，耶穌卻指着另一個方向。生命是一個不斷加强的呼召，叫人輕視欲求、功名和成就，不强求控制一切的能力，不幻想自己成爲偉大。耶穌所給予的喜樂平安，是藏於十字架那往下走的道路。在那裏有盼望、勝利和新生命；但是，我們要失去一切，才能得着盼望、勝利和新生命。「那爲了我失去生命的，反而會得到生命。」（路九 24 ）

我不應該恐懼損失，也不應爲那些已有很大損失而不是失去一切的人懼怕。耶穌被奪去一切，以致我們會勇於擁抱自己的貧乏，以及我們人類的貧乏。看着我們貧困的自我，以及我們人類伙伴的貧窮，我們開始發現神向我們顯露的極大憐憫。這樣，我們會曉得怎樣施予與寬恕、看顧與醫治、提供援助與創造愛的羣體。在貧乏的團結聯合中，我們找着一條道路，可讓彼此靠得更親近，和喜樂地宣稱我們共同的人性。

第十一站

耶穌被釘十字架

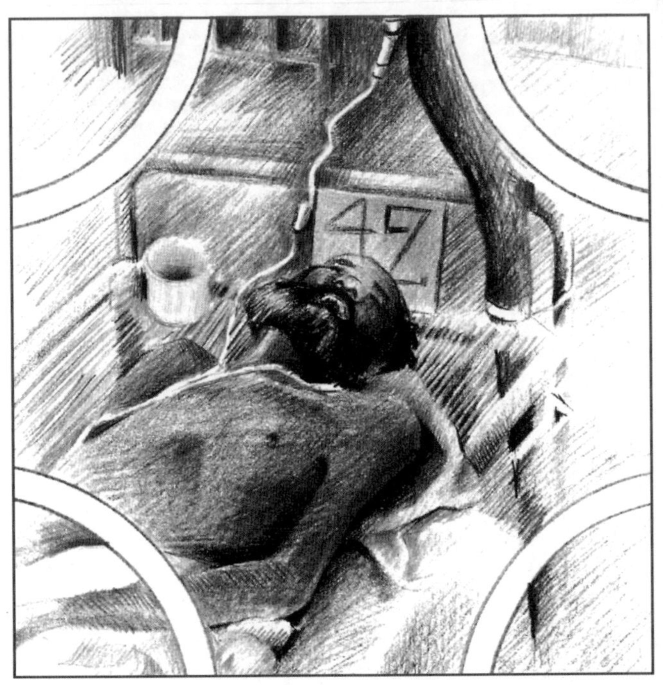
47

這個垂死的蘇丹男子，十分孤單，也沒有名字；在一所大醫院裏，他不過是其中一個垂死的人；他是第四十二號。那靜脈注射管就像是他生機的最後救生索，但也救不了他。他已耗盡一切力量，他幼弱的手臂和消瘦的肩頭反映出他付出的是那麼多。他身邊的所有人都知道他大限將至。他也知道這一點，然卻不畏懼。對他來說，生活是艱苦的，那只是一個貧窮困乏的生活，其中有很多鬬爭，只有極少勝利。他很怕疾病和疼痛，然而，他知道這一切都要過去時，反覺得着平安。

每一天、每一小時、每一分鐘都有人邁向死亡。他們或是遽然而逝，或是慢慢步向死亡；他們死於大城市的街上，或安舒的家中；他們或是孤獨地死亡，或是在親人摯友環繞下與世長辭；他們或是極痛苦地死去，或是像睡覺般安然而逝；他們或是於極大苦惱中逝世，或是於平安中安息。然而，他們全是孤單地離世，迎向那未知的景況。步向死亡這事情乃日常生活的眞實狀況，然而，世界的人普遍都忙於他們的事務，否認這現實與他們有關。邁向死亡是一件隱藏的事件，不容理會與承認。無論如何，那蘇丹男人表達出生命的眞理；所有生命都有終結，垂死是屬於生活的。

*　　*　　*

耶穌被釘在十字架上，三小時後才死去。祂死在兩個囚犯中間，其中一個囚犯對另外一個說：「我們所受的，不正是我們該得的報應嗎？但是祂並沒有做過一件壞事。」（路二十三 41）耶穌爲他人完全地死去。身體的全然透支，朋友與神的唾棄，都化爲祂自己的恩賜。當祂絕對無能地掛在那裏等待死亡，被釘在一根樹木上時，祂心中沒有苦毒，也沒有報復、怨恨的傾向。祂無所執着、依戀，願意獻出所有。「一粒麥子不落在地裏，死了，仍舊是一粒；如果死了，就結出許多子粒來。」（約十二 24）在爲他人捨去時，祂的生命變得豐盛。耶穌，那完全無辜者，那沒有罪、沒有過犯、沒有羞愧的一位，經歷了一次劇烈難受的痛苦死亡，以致死亡不再受人輕忽，反變成一道通向生命的關閘，以及嶄新相交的源頭。

*　　　　*　　　　*

我們看着垂死的耶穌時，正正是看着垂死的世界。耶穌——在十字架上吸引萬人歸向祂——死了無數次。祂不單代遭人排擠的死、代寂寞的死、代罪犯死，也曾代位高權重的死、代名聞天下的死。然而，最明顯的是，祂代無數凡夫俗子死，這些小人物所過的都是平凡無奇的生活，都會衰老疲憊，而且深信他們的生命多多少少都不是徒然的。

我們全都必然有死亡的一天，而只會孤單地死去，沒有人能在這最後旅程伴我們上路。我們必須放下最珍惜的，並深信我們沒有白白活過。也許，死亡是所有人類時刻中最偉大的，因爲在這個時刻，我們不得不捨棄一切。我們死亡的情況，不單與**我們**過去的生活狀況大有關連，也和**那些跟在我們後面的人**未來的生活狀態有關。耶穌的受死揭示出，我們不用裝假地過活，以為死亡臨到時不算是甚麼一回事。當祂在天地之間畢直地掛着時，祂籲請我們瞪視死亡，並深信死亡並不是定論。我們就能夠察看世間的臨終人士，給予他們盼望；我們能夠抱着臨終的軀體，且深信一雙比我們更大有能力的手會收納他們，賜給他們一直渴求的平安喜樂。

在死亡裏，全人類都同歸於一。正正就是在這臨終的人類中，神介入，以給予我們盼望。

第十二站

耶穌死在十字架上

死亡、摧毁、殲滅常在我們身旁出現。很多大地資源，如果不是大部分的話，都用於死亡的事務上。戰爭工業吞噬了衆多國家的大量國民總收入。常規和核子武器的儲存量與日俱增，而整體經濟已變得非靠賴致命物料的增產不可。爲數不少的大學、研究機構和智囊團都從戰爭販子得着財政上的支援。數以百萬計的人都靠製造這些產品餬口，若這些產品一旦派上用場，所能夠帶來的乃是死亡。

然而，死亡的權勢比起這些明顯可見的、殘暴不仁的破壞力量，來得更加陰險與更具影響力。這些死亡力量不單在家庭和鄰居的暴力事件中明顯可見，它們也是人們尋求鬆弛與消遣的部分方式。很多運動都受着死亡的吸引所沾染，嚴重受傷或死亡的可能性營造了不尋常的刺激。人們喜歡看他人冒生命危險，以及看他人捲入俄羅斯輪盤的黑暗中。很多形式的娛樂消遣，諸如電影、電視劇集和小說，都挑起人對死亡的好奇心。事實上，世界正受到死亡的權勢轄制，這些權勢渴想人人為它們服侍。

*　　　　*　　　　*

耶穌死了，死亡的勢力碾壓祂，這不單是出於彼拉多因恐懼而作出的判決、羅馬兵丁的虐待和殘酷的十字架刑罰，也是因這世界的權勢和原則。世界死亡的勢力摧毀祂，然而，祂的死亡乃道的死亡。「神藉着祂創造萬有……道就是生命的根源，這生命把光賜給人類。光照射黑暗，黑暗從來沒有勝過光。」（約一3～5）

耶穌受到死亡的勢力碾壓，然祂的死亡除去了死亡的刺。祂給予那些信祂的人力量，叫他們成為神的兒女，即是有分於死亡不能觸碰的生命。耶穌藉着自己的死亡，勝過一切死亡的權勢。那在我們心中、叫我們向死亡的勢力降服的黑暗，那在社會中、叫我們成為暴行、戰爭和破壞的受害者的黑暗，已被光驅走了，那光來自那位獻上自己生命的主，祂以生命作為完全的禮物，呈獻給生命之神。

保羅說：「……我們的救主基督……已經毀滅了死亡的權勢，更藉着福音把不朽的生命彰顯出來。」（提後一10）

*　　　　*　　　　*

在死亡的猖獗橫行勢力面前，要肯定生命委實是困難的。每次打開報章，我們看到戰爭、謀殺、綁架、折磨、毆打，以及無數引致疾病和死亡的悲劇時，都會受着試誘，以爲死亡最終是得勝的。然而，耶穌，那位聖者的死亡，一次又一次地召呼我們選擇生命。在微小瑣繁、明顯地不重要的細末事件中，對生命說聲「是」，實在是基督徒生命中的最重大挑戰。每一時刻都有着抉擇：選擇贊同或否定生命。每當我想起某個人，我內心充滿的是寬恕或是控訴？每當我說一句話，那是一句接納或是排斥的話語呢？我所選擇的是向人伸展或保留、分享或私自積存、讓步或死抓不放、醫治或傷害？就算是我們心中最深的情緒，都免不了這樣的抉擇。我可以選擇心存忿恨或感激、失望或盼望、傷痛或歡欣、惱怒或平和，這些情緒會如浪濤湧向我們，我們甚至沒有還擊之力。然……我們裏面仍有一處地方，在那裏我們能夠選擇方向，也可以阻止死亡的力量逐步逐步的把我們拖入黑暗的坑穴。

在日常生活中，我們都以爲那把我們帶向核子大災難邊緣的莫大黑暗力量，與我們所思所感完全無關。這種「無關」只是幻象而已。最細小的內在與死亡有關的愛好，與最可怖的人類毀滅形式是緊緊相關的，耶穌知悉這關連，而當祂的心被剖開，那顆心就是擁抱我們隱而未現的思想、和最具影響力行動的心。耶穌的死亡征服了一切死亡的力量，「並釋放了那些因爲怕死而一生處在奴役下的人。」（來二15）

第十三站

耶穌的遺體被取下來

一九八〇年十二月，芙德 (Ita Ford)、嘉琦 (Maura Clarke)、杜娜菲 (Jean Donovan) 和琪素 (Dorothy Kazel) 在機場通往薩爾瓦多首都聖薩爾瓦多市 (San Salvador) 的路上被殘酷地謀殺了。她們在國外逗留了一段短時間後，在回家的路途中，被薩爾瓦多的安全衞隊截停了。她們被強姦、折磨，甚至殺害，她們的遺體被棄於一個本來牧牛的公墓裏。她們犯了甚麼罪行呢？她們曾照顧薩爾瓦多的窮苦人。在當地，有很多人被逐離家園，在孤立的山區掙扎求存，她們曾竭力帶食品和藥物給這些人。這四位忠心的教會姊妹沒有其他渴想，只想爲受逼迫的鄰舍驅去極大痛苦中的丁點苦楚，並向他們展示，在仇恨與暴行中，人能夠眞正彼此相愛。

可是，她們的看顧關注刺怒了逼迫者，並把她們的名字置於死亡名單上。壓逼者不能忍受她們的存在；她們必須消失，自大地上被根除。對於生命之敵來說，單單是她們的出現已是不能忍受的了。

仇恨是那麼顯眼，且毫不矯飾的，她們必定要立即死亡。

在她們遭殺害，及遺體鋪滿泥塵後不久，終於有人發現她們。她們的朋友和那地區的貧苦人站在那裏，滿心無言的哀傷，並極度苦惱地看着那四位慘遭殺戮的無辜女士。巨大無邊的悲痛撕裂他們的心，而這悲傷化作呼喊，響遍了全世界：「還要多久，還要多久，上主啊，公義才得以伸張？」

* * *

彼拉多證實了耶穌的死亡後，就把遺體交給亞利馬太的約瑟，他是議會裏顯要的成員，「一向盼望神主權的實現。」（可十五 43）「約瑟買了麻紗，把耶穌的遺體取下來，用麻紗包好……」（可十五 46）耶穌的母親馬利亞也在那裏。很久以前，當她讓西緬把孩子抱在懷裏，她聽到他所說的話：「憂傷要像利劍刺透你的心。」（路二 35）此刻，當她把耶穌抱在懷裏，這些話都應驗了。耶穌已受苦和死亡了，然她作爲祂的母親，曾深深地愛顧祂，故她的哀慟帶來莫大痛楚，那是任何人都未曾嘗過的。她曾以愛懷抱神的兒子，此際正以哀傷擁抱全人類。她的心是那麼的純潔，以致能夠成爲世界救主的上佳居所；此刻，她的心受召去承擔所有人類苦難，而她也成爲了所有人的母親。馬利亞站在十字架底下，她接着耶穌的遺體，無言無語地擁抱着祂。她懷抱着耶穌時所孕育的愛與哀，緊密聯合，仍然會在那些選擇靠近神之心的人中間存在。

*　　　　*　　　　*

眞正的愛乃是願意擁抱哀慟。要盡心、盡性、盡力愛神，就是向一個人所能知的最大哀傷敞開心房。那四位美國教會姊妹對耶穌的愛，使她們心中承擔着世上貧苦人的哀傷，尤其是薩爾瓦多人的哀傷。她們的死亡在弟兄姊妹心懷意念中起了無限傷悲。基督徒的生命乃是愛耶穌的生命。「你愛我嗎？」這是祂發問了三次的問題，然當我們回答：「主啊，是的，祢知道我愛祢。」祂說：「別人……帶你到不願意去的地方。」（參約二十一15～18）永沒有愛是不帶着哀傷的；永沒有委身是不帶着苦楚的；永沒有參與是不帶有折損的；永沒有施予是不帶着苦難的；永沒有對生命說一聲「是的」，不包含要死去多次。無論何時我們逃避哀傷，我們就不能愛；無論何時我們選擇去愛，我們將會有流淚的日子。當寂靜籠罩十字架四周，而一切已完成時，馬利亞的哀傷已伸展到大地的盡頭。然而，所有打從心底裏認識這哀慟的人，都會視之爲神愛的覆庇，也會把這哀傷當作生命隱藏的奧祕而熱愛它。

第十四站

耶穌被安葬

一個年輕薩爾瓦多婦女站在一副棺木前，棺木裏躺着的是她那受到殘酷處決的丈夫。

她孤單地站在棺木即將下葬的地方附近，雙目緊閉，雙手交疊胸前。她站在那裏——赤腳的、貧窮的、一無所有的……但很平靜。她身旁沒有悲傷的叫喊、抗議的哭號、憤怒的聲音，只得一片深沈的寂靜，這個年輕的寡婦恍似置身平和的雲霧中。一切都結束了，一切都寂靜，一切都安好。雖然貪婪與暴力的勢力奪走了一切，卻不能觸碰到她心中的深邃寧謐。在她身後的是朋友和鄰居，成了一個保護她的圈子，並敬重她的靜默獨處。他們有些沈默不語、有些細語安慰、有些向他人解釋箇中情況、有些相擁哭泣。然而，那婦女獨自站在那裏，領會了一些事情，而那是死亡的勢力不能了解的事情。她內裏有一股強大無比的信心，其力量遠遠勝過殺害她丈夫的武器。生存者的寂靜、死者的寂靜，正在互迎互訴。

*　　　　*　　　　*

亞利馬太的約瑟把耶穌的遺體「安放在一個從岩石鑿成的墓穴裏——這墓穴還沒有葬過人。……那些從加利利跟隨耶穌來的婦女和約瑟一起去。看見了墓穴，也看見了耶穌的遺體怎樣被安放在裏面。她們就回去，爲祂的遺體預備香料和香油。她們遵照法律的規定，在安息日休息。」（路二十三53～56）

深沈的安息環繞着耶穌的墓穴。在第七天，神完成了創造的工作，就歇息了。「祂賜福給第七天，聖化那一天爲特別的日子，因爲祂在那一天完成了創造。」（創二3）在我們救贖的禮拜的第七天，當耶穌完成祂父親差派的工作，祂在墓穴裏安息，而那些因悲傷而心碎的婦女，也一同安息。在歷史中的所有日子中，安葬日——耶穌的遺體被安放在寧靜與黑暗的墓穴中、而墓門被大石堵住的那個週末——是神安靜獨處的日子。在那一日，所有受造物都屏息靜氣的等候着。在那一天，沒有一句說話，也沒有任何宣講。神的道——萬物都是藉着祂造的——藏身在大地的黑暗中。這安葬日是所有日子中最安靜的一天，它的安靜聯繫了新約與舊約、以色列民族與未可知的天地、聖殿與靈裏的更新敬拜、用血的祭與杯及餅的祭、律法與福音。這神聖的安靜是世界所知的、最有果效的安靜。源自這寧靜，道將會再次被傳揚，並使一切變新。

*　　　*　　　*

有關神在寧靜與獨處中的安息，我們實在有很多需要學習的地方。那個在丈夫墓旁的薩爾瓦多婦人對此必有所知，她浸淫其中，並相信必有所得。儘管我們受到世上急務的喧嚷包圍，我們也可像這婦人一樣，在神的寧靜與獨處中安息，並讓它結出果子。這安息未必與悠閒有關，縱然那也許是它的標記。神的安息乃是心的深切安息，就算我們受到死亡勢力的圍剿，它仍能堅忍下去；這安息給予我們盼望，就是我們那隱藏的，即使我們說不出何時何模樣，平常看不見的實體會有日變得更豐盛；這是信仰上的安息，即使革命和戰事不斷擾亂生活的節奏，也可叫我們繼續以喜樂及平和的心生活下去。所有住在耶穌的靈裏的都認識這神聖的安息。靜默、消極被動或棄權都不是他們生命的特質。剛好相反，爭取公義和平的創意行動才是他們的記號。然而，那行動來自他們心中神的安息，而不受強逼性和強制性行爲束縛，滿有信心與信靠。

無論我們在生命中做或不做某些事，我們需要與安葬日的安息保持連合，就是耶穌被安葬於墓穴、萬物都等候一切更新的那個安葬日。

第十五站

耶穌從死裏復活

這些南美印第安人流露出深深的內在喜樂與平安。他們編織的稻草十字架象徵着他們的困苦與掙扎；他們揮舞的棕櫚葉彰顯着他們勝利與凱旋的感受。是的，他們有愁苦，但也有欣喜；是的，他們有悲傷，但也有喜樂；是的，他們有恐懼，但也有愛；是的，他們有艱苦的工作，但隨之而來是慶祝；是的，他們有死亡，但也有復活。

在這些列隊前行的男男女女、飽歷風霜的臉上所綻放的笑容，正訴說着他們對復活的堅定信仰。這信仰不單確信生命強過死亡，然也給人先嘗那永存的喜樂。貧窮人的眼睛能夠突然有着盼望的光采，且能看到自我滿足的人性、其有限的視野所看不到的境地。世上貧窮人心中有着復活的信仰；這信仰知悉一切受造物都不是造來白費的，而是被更新變化爲一新天新地。玻利維亞、祕魯、尼泊爾、巴基斯坦、布隆迪（Burundi；譯按：地處非洲）、蘇丹，以及地球上所有貧窮人臉上的燦爛笑容，都讓我們瞥見復活的現實。這些笑容來自心坎深處；他們的心靈認識了眞實而永恆的愛。

* * *

在七日的第一日早晨，抹大拉的馬利亞、雅各的母親馬利亞和撒羅米發現墓穴空了，且聽見一個身穿白色長袍的青年說：「祂不在這裏。」兩位門徒彼得和約翰走進墓穴，只見地上有麻紗和耶穌的裹頭巾。抹大拉的馬利亞聽到祂呼喚她的名字，而當祂在以馬忤斯擘餅，革羅巴和他的朋友認出祂來。在同一天的黃昏，祂站在門徒當中，說「願你們平安」，且把手和肋旁給他們看。

正當這些事發生之際，嶄新的話語自安葬日的寂靜中發出，且打動所有認識和愛耶穌的男女的心懷意念。這些話語是：「祂復活了，眞的復活了。」人們不是在屋頂大叫大嚷，或舉起牌子遊城，而是耳語這親密的信息。只有一顆渴望國度降臨、並曾在那個拿撒勒人的言行舉止中認出這國度起初記號的心，才能眞正聽到，並明白這信息。

* * *

對那些向這消息——多個世紀以來被低聲地傳遍世界——說「是」的人來說，一切既是完全不同的，一切又是完全一樣的。樹木仍是樹木、河川仍是河川、山巒仍是山巒，而人心仍能選擇愛與懼怕。然而，這一切都在耶穌復活的身體裏提升了，且被安置在神的右手裏。浪子得以被擁在天父慈愛的懷抱內；小孩子可安躺在母親的臂彎內；眞正的繼承人可得着上好的長袍和珍貴的指環；而弟兄姊妹都可在同一桌子上坐席。一切都是一樣的，而一切已被更新了。當我們以復活的信仰生活，擔子會變得輕省，軛會變得易負，因爲我們在耶穌柔和謙卑的心腸裏找到安息之處。祂的心腸乃屬於所有歸於神的永恆。

現在是再次平靜而有信心地說話的時候了。自寂靜中出現新的話語。貧窮人得好消息，被擄的得釋放，瞎眼的得看見，受壓逼的得自由，而上主的恩惠得着頌揚。

就這樣，神的微笑與神子民的微笑會合，在不滅且照亮黑暗的光中合而爲一。

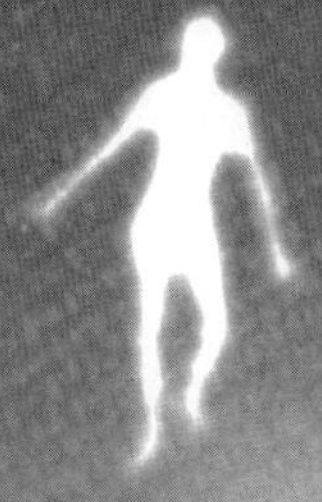

結束禱文

親愛的耶穌：

祢曾被定罪，祢仍被定罪；祢曾背十字架，祢仍背着十字架；祢曾死亡，祢仍繼續死去；祢曾從死亡中復活，祢仍不斷自死亡中復活。

我看着祢，而祢張開我的眼目，好叫我看到每天祢在我們當中的受難、死亡和復活。可是，我深切恐懼地看着自己的世界。祢對我說：「不要害怕去察看、去觸摸、去醫治、去鼓舞、去安慰。」我聽從了祢的吩咐，而且，當我更進深踏入人類同伴那痛苦、然卻充滿盼望的生命時，我知道自己已更深入祢的心腸。

親愛的主啊！深深根植於我焦慮心懷的，是我的恐懼，恐怕張開雙眼看着受苦的世界。我不肯定自己是否眞的受到愛顧和備受保守，所以我與他人充滿恐懼的生命保持距離。然而祢卻說：「不要害怕，讓我看看你受傷的心、擁抱你、鼓舞你、安慰你……因爲我是以無限的、無條件的愛來愛你的。」

主啊！多謝祢跟我說話。我實在渴想祢醫治我受傷的心，好叫它從那裏伸向遠遠近近的人。

我知道，主啊！祢的心柔和謙卑，而祢也呼喚：「到我這裏來吧，凡勞苦擔重擔的人，都會得着安息。」

正當祢繼續在歷史中受苦、死亡和復活時，請給我盼望、勇毅和信心，好讓祢的心，把我的心跟祢所有受苦子民的心聯合起來，而成爲新生命的神聖源頭。

阿們。

盧・雲・著・作・一・覽・表（基道出版）

Intimacy: Essays in Pastoral Psychology (1969)
《愛中契合》香港：基道，一九九四。

Creative Ministry (1971)
《建立生命的職事》香港：基道，一九九六。

With Open Hands (1972)
《親愛主，牽我手》香港：基道，一九九一。

Thomas Merton: Contemplative Critic (1972)
《盧雲眼中的梅頓》香港：基道，一九九九。

The Wounded Healer (1972)
《負傷的治療者》香港：基道，一九九八。

Out of Solitude (1974)
《始於寧謐處》香港：基道，一九九一。

Clowning in Rome (1979)
《羅馬城的小丑戲》香港：基道，一九九〇。

In Memoriam (1980)
《別了，母親》香港：基道，一九九一。
《念：別了母親後》(重譯本)香港：基道，二〇〇〇。

Making All Things New (1981)
《新造的人》香港：基道，一九九二。

Compassion (With D. McNeil and D. Morrison, 1982)
《慈心憐憫》香港：基道，二〇一七。

Letters to Marc about Jesus (1988)
《生命中的耶穌》香港：基道，一九九三。

The Road to Daybreak: A Spiritual Journey (1989)
《黎明路上》香港：基道，一九九五。

Heart Speaks to Heart (1989)
《心應心》香港：基道，一九九一。

Beyond the Mirror (1990)
《鏡外》香港：基道，一九九二。

In the Name of Jesus (1990)
《奉耶穌的名》香港：基道，一九九二。

Walk with Jesus (1990)
《與祢同行》香港：基道，一九九二。

Life of the Beloved (1992)
《活出有愛的生命》香港：基道，一九九九。

Adam: God's Beloved (1997)
《亞當——神的愛子》香港：基道，一九九九。

Sabbatical Journey: The Diary of His Final Year (1997)
《安息日誌——秋之旅》香港：基道，二〇〇二。
《安息日誌——冬之旅》香港：基道，二〇〇三。
《安息日誌——春夏之旅》香港：基道，二〇〇三。

The Road to Peace (1998)
《和平路上》香港：基道，二〇〇二。

Finding My Way Home (2001)
《尋找回家路》香港：基道，二〇〇四。

Turn My Mourning into Dancing: Finding Hope in Hard Times (2001)
《祢已將哀哭變為跳舞》香港：基道，二〇一八。

Peacework: Prayer, Resistance, Community (2005)
《和平篇章》香港：基道，二〇〇七。

A Spirituality of Living (2011)
《盧雲靈思集・生命中的蒙愛時刻》香港：基道，二〇一八。

A Spirituality of Caregiving (2011)
《盧雲靈思集・關顧，傷癒時刻》香港：基道，二〇一八。

A Spirituality of Homecoming (2013)
《盧雲靈思集・歸心，歸回上帝的時刻》香港：基道，二〇一八。

Discernment: Reading the Signs of Daily Life (With Michael J. Christensen, Rebecca J. Laird, 2013)
《靈心明辨》香港：基道，二〇一五。

Following Jesus: Finding Our Way Home in an Age of Anxiety (2019)
《跟從耶穌，每一步都是歸心之路》香港：基道，二〇二〇。

緊扣時代 服事教會

以文字傳揚基督真道

讀者意見表

衷心多謝你購買本社書籍。本社一直致力以出版事工服事教會，幫助信徒扎根於神的話語，促進靈命增長。為使我們的出版更能滿足你的需要，請填寫下列各項資料，並寄回或傳真予本社。

所購書籍：________________

本書最吸引你的地方：

□作者　□適切性　□文筆　□設計　□實用性

□其他：________________

購買本書地點：

□基道書樓　□基督教書店　□非基督教書店

性別：□男　□女　職業：________________

信仰：□基督徒　□非基督徒

年齡：□ 16 歲或以下　□ 17～25 歲　□ 26～35 歲

□ 36～55 歲　□ 56 歲或以上

學歷：□中三或以下　□中五　□預科

□大學　□研究院

□我欲更多了解基道出版社的事工及考慮支持，請寄給我下列資料：

□機構簡介　□新書資料　□基道會員通訊

□《基道文字事工通訊》

姓名：________________電話：________________

地址：________________

____

傳真：________________　電子郵件：________________

其他意見：________________

____

多謝賜教！

意見表可以傳真（2687-0281）或直接郵寄以下地址：

香港沙田火炭坳背灣街26號富騰工業中心1011室

基道出版社編輯部收